fraises
CRESSON
MELONS CAROTTES
courges
OIGNONS tomates
NAVETS
SALADE CHOUX agneau RADIS
ORANGES poires
POIVRE NOIX ANANAS panais SEL NAVETS BLETTES FENOUIL
BANANES
betteraves POTIRONS CANNELLE crevettes SAUMON

AVOCATS potirons CELERIS-RAVES RAISINS FROMAGES POIREAUX
BROCOLI CONCOMBRES ORANGES VEAU DINDE LAPIN
ŒUFS courgettes ASPERGES champignons
artichauts AUBERGINES POULET AIL PORC RIZ SEL POIVRONS CANARD
BŒUF CITRONS avocats haricots
POMMES DE TERRE
BLETTES
POMMES

Recettes POUR MA TRIBU

ANNE LOISEAU

PHOTOGRAPHIES D'EMANUELA CINO

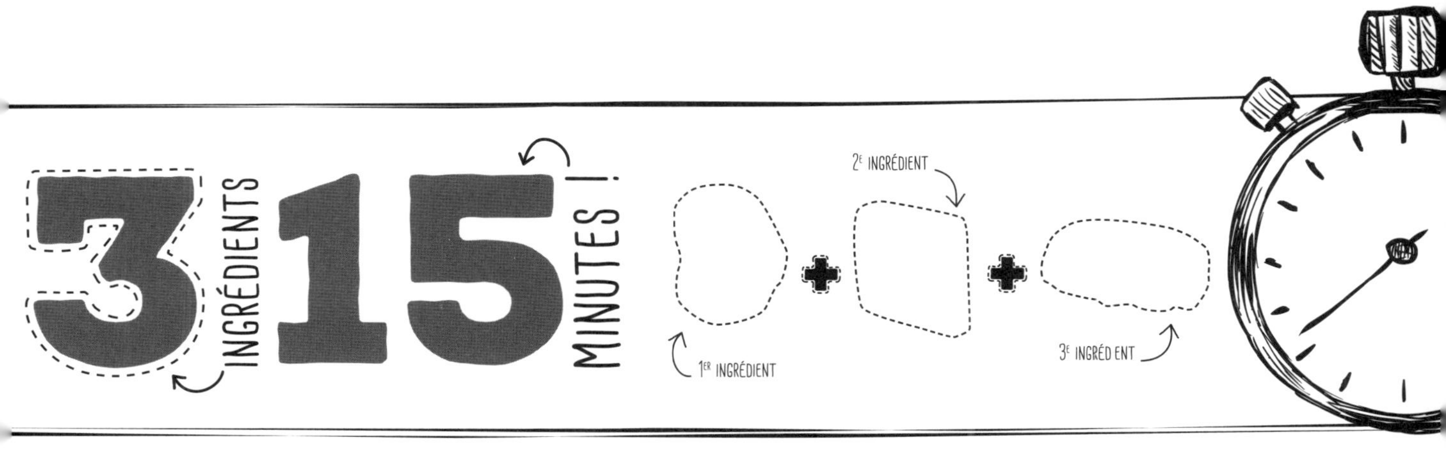

LAROUSSE

Le SOMMAIRE

LES PLATS

Sommaire
SUITE

ÉPICES À TAJINE

BROCOLI

RÔTI DE VEAU

LES DESSERTS

CHOCOLAT

SUCRE ROUX

ANANAS

MASCARPONE

INTRODUCTION

15 minutes et trois ingrédients pour recevoir sa tribu !

Recevoir sa tribu à table est un vrai plaisir, un moment de partage et de convivialité... qui peut parfois tourner à la panique, avouons-le !

Retour de promenade affamé, vacances, amis d'amis ou famille nombreuse, les occasions ne manquent pas de retrouver huit personnes et bien plus à table... Si vous n'avez pas l'envie ou le temps de passer des heures « derrière les fourneaux », loin de vos proches, ce livre sera votre précieux allié. Fini les rétroplannings, les listes d'ingrédients à rallonge et les casseroles qui s'empilent, voici 55 recettes pour garder la tête froide et les papilles en éveil !

Le concept : trois ingrédients et des fonds de placard bien pensés pour des repas qui ne manquent pas d'originalité et contenteront les gourmets ! Quinze minutes de préparation, montre en main, pour garder ou retrouver le plaisir de cuisiner et de régaler ses proches. Des recettes à la préparation simplifiée, pour recevoir en mode décontracté ou élégant. De l'entrée au dessert, en passant par les plats de viandes et de poissons, nous avons pensé à tout pour enchanter les gourmands et renouveler vos indémodables ! Apprenez à ajouter l'ingrédient malin plein de parfum qui transforme un plat en inoubliable, découvrez les découpes astucieuses qui permettent d'accélérer la cuisson de plats qui mijotaient des heures... Une collection de bonnes idées qui permettent de réinventer les recettes et s'entendre complimenter...

Trois ingrédients c'est aussi un budget mieux maîtrisé, des quantités facilement multipliables pour s'adapter au nombre de convives et permettre à chacun de se resservir ! Quinze minutes de préparation, c'est plus de temps pour soi, se préparer ou faire une jolie table... qui dit mieux ?

Bientôt la seule vraie question que vous poserez lorsque votre tribu arrivera sera... « Aurons-nous assez d'assiettes ? ». Pour le reste, plus d'inquiétude !

Ma petite épicerie SALÉE

Pour des petits plats salés réussis à tous les coups, voilà votre épicerie de base. Avec ces produits dans vos placards, pas de problème pour improviser des recettes ultra-gourmandes sur le pouce !

MOUTARDE

HUILE D'OLIVE

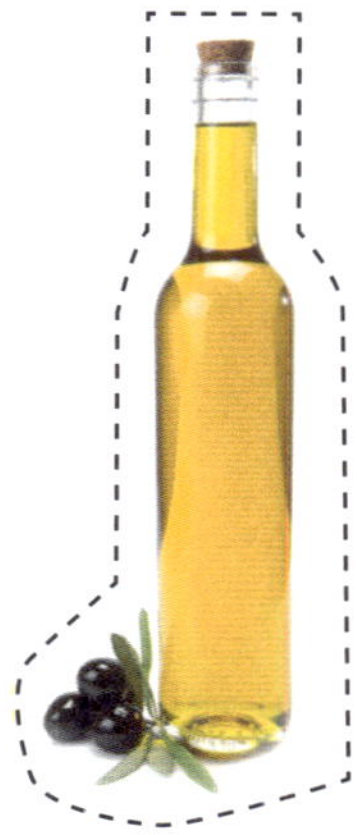

VINAIGRE BALSAMIQUE

LAURIER

BOUQUET D'HERBES

ROMARIN

BASILIC

AIL

NOIX DE MUSCADE

CÂPRES

BAIES ROSES

SAUCE SOJA

VIN BLANC

Les produits frais

CRÈME FRAÎCHE OU LIQUIDE

LAIT

MAYONNAISE

Ma petite épicerie **SUCRÉE**

POUR DES RECETTES SUCRÉES À FONDRE DE PLAISIR, VOILÀ VOTRE ÉPICERIE DE BASE. AVEC CES PRODUITS DANS VOS PLACARDS, VOUS AUREZ TOUJOURS DE QUOI SURPRENDRE ET RÉGALER VOTRE TRIBU AU MOMENT TANT ATTENDU DU DESSERT !

FARINE DE BLÉ

SUCRE EN POUDRE

SUCRE ROUX

SUCRE GLACE

LEVURE

SUCRE VANILLÉ

CHOCOLAT

CHOCOLAT EN POUDRE

GÉLATINE

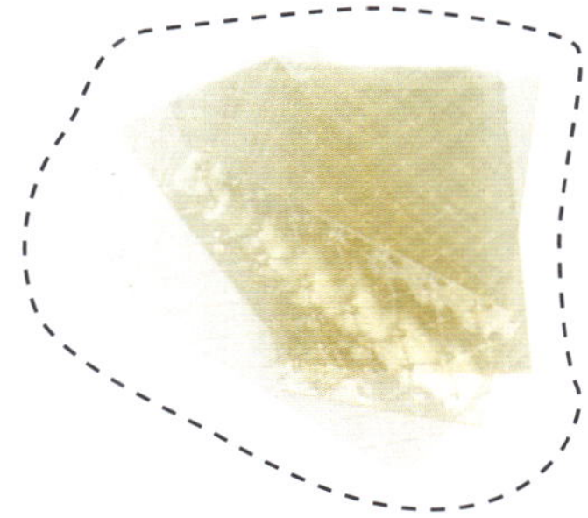

MIEL

RHUM

GOUSSES DE VANILLE

Les produits frais

ŒUFS

CRÈME FRAÎCHE
OU LIQUIDE

LAIT

BEURRE

Rillettes de poireau AU CHÈVRE

8

1 CHÈVRE FRAIS DE 200 G

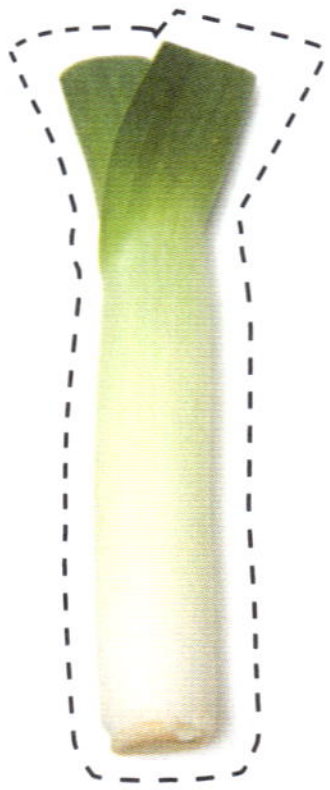

TRANCHES DE PAIN DE CAMPAGNE GRILLÉ

4 GROS BLANCS DE POIREAU

... ET AUSSI UN PEU DE

+ HUILE D'OLIVE (2 CUILL. À SOUPE)
+ SEL ET POIVRE DU MOULIN

C'EST PARTI !

1 Lavez les poireaux et coupez-les en rondelles de 5 mm d'épaisseur environ.

2 Faites chauffer l'huile d'olive dans une poêle et faites revenir les poireaux à feu vif sans coloration pendant 5 minutes. Ajoutez un verre d'eau et laissez les poireaux compoter à feu moyen pendant environ 15 minutes jusqu'à évaporation.

3 Lorsque les poireaux ont tiédi, incorporez le fromage de chèvre à la fourchette. Salez et poivrez.

4 Servez les rillettes avec des tranches de pain grillé.

Temps de préparation : 00:15 Mode de cuisson : SANS CUISSON 00:20

Barquettes de poivron
FETA PIGNONS

50 G DE PIGNONS

3 POIVRONS ROUGES

180 G DE FETA

… ET AUSSI UN PEU DE

+ GOUSSE D'AIL (1)
+ HUILE D'OLIVE (2 CUILL. À SOUPE)

C'EST PARTI !

1 Préchauffez le four à 200 °C (therm. 6-7).

2 Lavez les poivrons et coupez-les en six quartiers. Retirez les graines et les parties blanches.

3 Dans un grand bol, écrasez la gousse d'ail dégermée et mélangez-la à 2 cuillerées à soupe d'huile d'olive et aux pignons. Ajoutez la feta en la détaillant en fines lamelles directement au-dessus du bol. Remuez pour que la feta s'émiette et s'enrobe de l'huile parfumée à l'ail.

4 Garnissez chaque barquette de poivron de 2 cuillerées à café de feta assaisonnée. Arrosez d'un filet d'huile d'olive, enfournez et faites cuire de 15 à 20 minutes.

Temps de préparation : 00:15 Mode de cuisson : SANS CUISSON 00:15

Temps de préparation : 00:15 Mode de cuisson : SANS CUISSON 00:00

Rémoulade
DE RADIS NOIRS

8

3 CUILL. À SOUPE DE MAYONNAISE

2 RADIS NOIRS

8 CL DE CRÈME LIQUIDE

… ET AUSSI UN PEU DE

+ MOUTARDE (1 CUILL. À SOUPE)
+ CÂPRES

C'EST PARTI !

1 Lavez les radis et épluchez-les avec un Économe. Râpez-les au robot ou avec une grande râpe à main, comme des carottes.

2 Mélangez la mayonnaise, la crème et la moutarde.

3 Mettez les radis dans un saladier, ajoutez la sauce et parsemez de câpres avant de servir.

ASTUCE

Pour un plat frais et raffiné, accompagnez cette salade délicieuse et originale de saumon fumé.

8

00:15

Mode de cuisson

00:00

SANS CUISSON

Salade fenouil, pomme verte ET CREVETTES ROSES

2 FENOUILS

\+

3 POMMES VERTES

\+

400 G DE CREVETTES CUITES

... ET AUSSI UN PEU DE

+ CRÈME LIQUIDE (4 CUILL. À SOUPE)
+ JUS DE CITRON (1)
+ SEL ET POIVRE DU MOULIN

C'EST PARTI !

1 Dans un saladier, versez la crème et le jus de citron, salez et poivrez. Réservez.

2 Lavez les fenouils. Détachez les feuilles extérieures abîmées, puis coupez-les en deux, retirez le cœur dur, et émincez-les finement au couteau.

3 Lavez les pommes, éliminez le cœur et émincez-les également.

4 Mélangez rapidement les pommes et les fenouils avec les crevettes et la sauce réservée.

Crème
AVOCAT FENOUIL

1 FENOUIL

+

1 AVOCAT MÛR

+

LE JUS DE 1 CITRON

… ET AUSSI UN PEU DE

+ SEL

C'EST PARTI !

1 Lavez le fenouil, retirez les feuilles extérieures puis coupez-le en deux pour retirer le cœur dur. Détaillez-le en morceaux. Réservez.

2 Coupez l'avocat en deux, retirez le noyau et récupérez la chair à l'aide d'une cuillère à soupe.

3 Mettez les morceaux de fenouil, la chair d'avocat et le jus de citron dans le bol d'un mixeur, salez et mixez pour obtenir une crème bien lisse.

4 Servez cette crème à l'apéritif avec une baguette ou une ficelle tranchée.

8

00:15

Mode de cuisson

00:00

SANS CUISSON

Épis de maïs rôtis
AU BEURRE DE PARMESAN

6 ÉPIS DE MAÏS

50 G DE BEURRE MOU

70 G DE PARMESAN RÂPÉ

… ET AUSSI UN PEU DE

+ GOUSSE D'AIL (1)

C'EST PARTI !

1 Préchauffez le gril du four.

2 Faites précuire les épis de maïs pendant 8 minutes au micro-ondes ou 15 minutes à l'eau bouillante.

3 Dans un bol, malaxez le beurre à la fourchette avec le parmesan et la gousse d'ail dégermée et écrasée.

4 Tartinez les épis de ce beurre aromatisé. Rangez-les sur une plaque chemisée d'une feuille d'aluminium et faites-les griller au four jusqu'à ce qu'ils soient dorés, de 5 à 10 minutes.

Temps de préparation : 00:15 Mode de cuisson : SANS CUISSON 00:05

Tarte COURGETTE FETA

6 PETITES COURGETTES

150 G DE FETA

1 PÂTE BRISÉE

… ET AUSSI UN PEU DE

+ NOIX DE MUSCADE
+ MOUTARDE À L'ANCIENNE (2 CUILL. À SOUPE)
+ SEL ET POIVRE DU MOULIN

C'EST PARTI !

1 Préchauffez le four à 180 °C (therm. 6).

2 Lavez les courgettes et râpez-les sans les éplucher.

3 Émiettez la feta et mélangez-la aux courgettes. Salez, poivrez et parfumez de noix de muscade râpée. Réservez.

4 Étalez la pâte brisée dans une tourtière et recouvrez le fond de moutarde. Ajoutez la préparation. Enfournez et faites cuire pendant 30 minutes.

ASTUCE :

Parsemez la tourte de quelques noix avant de l'enfourner.

Temps de préparation : 00:15

Mode de cuisson : SANS CUISSON 00:30

Temps de préparation : 00:15

Mode de cuisson : SANS CUISSON 00:00

Taboulé tiède
COURGETTE ET CITRON

8

300 G DE GRAINE DE COUSCOUS FIN

1 CITRON

3 PETITES COURGETTES

… ET AUSSI UN PEU DE

+ HUILE D'OLIVE (3 CUILL. À SOUPE)
+ PERSIL
+ SEL

C'EST PARTI !

1 Râpez le zeste du citron et pressez le jus.

2 Versez la graine de couscous dans un saladier évasé avec le jus du citron, l'huile d'olive et du sel.

3 Versez de l'eau bouillante jusqu'à 1 cm au-dessus des graines, salez et laissez gonfler pendant 5 minutes.

4 Égrainez la semoule avec une fourchette pour l'aérer.

5 Mixez le persil et les courgettes préalablement épluchées et coupées en morceaux jusqu'à obtenir un hachis grossier. Incorporez-le à la semoule avec le zeste de citron. Rectifiez l'assaisonnement si besoin.

8

00:15

Mode de cuisson

00:15

Tarte fine, tomates confites
ET PÉTALES DE COURGETTE

90 G DE CAVIAR DE TOMATES SÉCHÉES

1 COURGETTE

1 PÂTE À PIZZA PRÊTE À L'EMPLOI

... ET AUSSI UN PEU DE

+ BASILIC
+ FLEUR DE SEL

C'EST PARTI !

1 Préchauffez le four à 250 °C (therm. 8-9).

2 Déroulez la pâte sur la plaque du four recouverte d'une feuille de papier sulfurisé. Étirez-la pour l'affiner au maximum sans la déchirer.

3 Étalez le caviar de tomate sur la pâte avec le dos d'une cuillère à soupe.

4 Lavez la courgette et coupez-la en tranches très fines en biseau. Disposez-les sur la pizza et saupoudrez de fleur de sel.

5 Enfournez et faites cuire de 5 à 10 minutes. Sortez la pizza du four, parsemez-la de basilic ciselé et enfournez de nouveau pour 10 minutes de cuisson.

Salade de poivron ET D'ANCHOIS À LA RICOTTA

80 G D'ANCHOIS À L'HUILE

+

+

400 G DE POIVRONS GRILLÉS EN BOCAL

250 G DE RICOTTA

8

00:15

Mode de cuisson

00:00

SANS CUISSON

... ET AUSSI UN PEU DE

+ HUILE D'OLIVE (3 CUILL. À SOUPE)
+ SEL ET POIVRE DU MOULIN

C'EST PARTI !

1 Égouttez les poivrons, retirez les graines et les parties blanches et découpez-les en lanières.

2 Dans un saladier, incorporez l'huile d'olive à la ricotta, salez et poivrez.

3 Ajoutez les poivrons et les anchois égouttés. Mélangez.

ASTUCE

Cette salade peut être réalisée avec des poivrons frais dont vous aurez pris soin d'enlever la peau avant de les découper.

Temps de préparation : 00:15

Mode de cuisson : SANS CUISSON 00:15

Feuilleté AU SAINTE-MAURE

8

1 SAINTE-MAURE

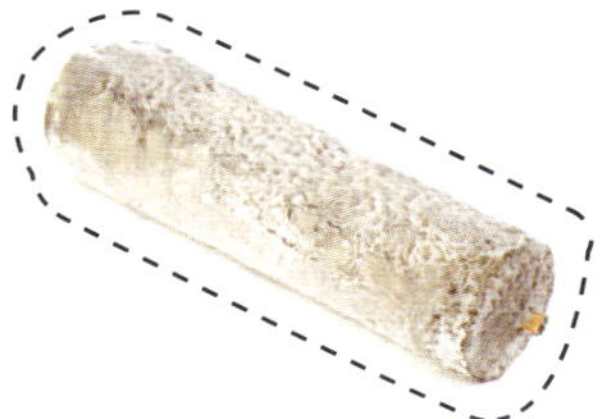

1 PÂTE FEUILLETÉE PRÊTE À L'EMPLOI

15 CL DE CRÈME FRAÎCHE

... ET AUSSI UN PEU DE

+ LAIT
+ PERSIL HACHÉ (3 CUILL. À SOUPE)
+ SEL ET POIVRE DU MOULIN

C'EST PARTI !

1 Préchauffez le four à 200 °C (therm. 6-7).

2 Dans un grand bol, écrasez le sainte-maure à la fourchette après avoir pris soin de retirer le brin de paille. Ajoutez la crème, salez et poivrez, puis incorporez le persil haché. Mélangez bien.

3 Déroulez la pâte feuilletée. Étalez la préparation en formant un rectangle au centre de la pâte.

4 Avec un couteau bien tranchant, découpez les côtés en lanières perpendiculaires à la préparation. Repliez-les sur le fromage, une par une, en les alternant comme dans une tresse.

5 Passez un peu de lait sur la pâte avant d'enfourner le feuilleté pour 15 à 20 minutes de cuisson.

8

00:15

Mode de cuisson

00:05

Salade tiède de courgette, CHÈVRE FRAIS ET PIGNONS

1 BÛCHETTE DE CHÈVRE FRAIS

5 PETITES COURGETTES

50 G DE PIGNONS

… ET AUSSI UN PEU DE

+ VINAIGRETTE AU CITRON
+ BASILIC

C'EST PARTI !

1 Portez une petite casserole d'eau à ébullition.

2 Lavez les courgettes et coupez-les en fines tranches dans la longueur. Placez-les dans un saladier et couvrez-les d'eau bouillante. Au bout de 5 minutes, égouttez les rubans de courgette délicatement.

3 Faites griller les pignons à sec dans une poêle pendant quelques minutes.

4 Émiettez la bûchette de chèvre au-dessus du saladier, ajoutez les pignons, le basilic ciselé et la vinaigrette.

VARIANTE

Envie d'une salade multicolore, préparez de la même façon que les courgettes, des rubans de carottes.

Bouchées INVOLTINI

00:15

Mode de cuisson

00:00

SANS CUISSON

200 G DE FROMAGE FRAIS, AIL ET FINES HERBES

8 TRANCHES DE JAMBON SEC

100 G DE POUSSES D'ÉPINARD

... ET AUSSI UN PEU DE

+ POIVRE DU MOULIN

C'EST PARTI !

1 Étalez 4 tranches de jambon sur une feuille de papier sulfurisé en les faisant se chevaucher pour obtenir un rectangle.

2 Tartinez-les de la moitié du fromage frais, poivrez et recouvrez de la moitié des pousses d'épinard.

3 En vous aidant du papier, roulez le jambon en partant d'un grand côté et en serrant bien. Répétez l'opération avec le reste des ingrédients.

4 Découpez les rouleaux en petites bouchées et servez-les à l'apéritif ou en accompagnement d'une salade verte.

ENTRÉES

Salade de brocoli
AU WASABI

1 CUILL. À CAFÉ DE PÂTE DE WASABI

+

+

1 OU 2 TÊTES DE BROCOLI
SELON LEUR TAILLE

4 CUILL. À SOUPE
DE PETITS POIS AU WASABI

… ET AUSSI UN PEU DE

+ MAYONNAISE
+ SEL

C'EST PARTI !

1 Lavez le brocoli et détaillez-le en très petits bouquets.

2 Portez une grande casserole d'eau à ébullition et plongez-y le brocoli pour 5 minutes de cuisson. Égouttez et passez les fleurettes sous l'eau glacée pour stopper la cuisson.

3 Mélangez la mayonnaise avec 1 cuillerée à soupe d'eau et le wasabi, en dosant la force du piquant selon votre goût.

4 Dans un saladier, mélangez le brocoli et la sauce, salez.

5 Placez les petits pois au wasabi dans un torchon propre et concassez-les en les écrasant à l'aide d'une casserole. Parsemez-en la salade avant de servir.

Temps de préparation : 00:15 Mode de cuisson : SANS CUISSON 00:05

8

00:05

Mode de cuisson

00:05

Rillettes de saumon MI-CUIT

500 G DE PAVÉS DE SAUMON SANS PEAU

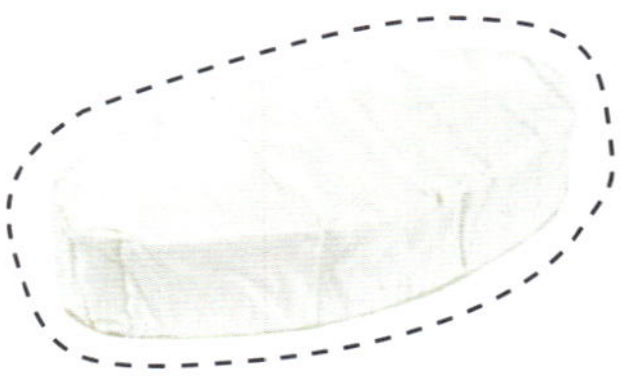

200 G DE FROMAGE FRAIS (TYPE CAPRICE DES ANGES®)

2 CUILL. À SOUPE DE MOUTARDE À L'ANCIENNE

... ET AUSSI UN PEU DE

+ JUS DE CITRON
+ CIBOULETTE
+ SEL ET POIVRE DU MOULIN

C'EST PARTI !

1 Faites cuire les pavés de saumon à la vapeur de 5 à 10 minutes selon leur épaisseur, le cœur doit rester cru.

2 Placez le poisson dans un saladier. À l'aide d'une fourchette, émiettez-le.

3 Lorsque le saumon a refroidi, incorporez le fromage frais et la moutarde. Salez et poivrez.

4 Arrosez de jus de citron et saupoudrez de ciboulette hachée avant de servir.

Spaghettis AU PESTO D'ÉPINARD

150 G DE POUSSES D'ÉPINARD

500 G DE SPAGHETTIS

120 G DE PARMESAN

8

00:15

Mode de cuisson

00:10

... ET AUSSI UN PEU DE

+ GOUSSE D'AIL (1)
+ HUILE D'OLIVE
+ SEL

C'EST PARTI !

1 Portez une grande casserole d'eau salée à ébullition et faites cuire les pâtes al dente de 8 à 10 minutes selon les indications figurant sur le paquet.

2 Dans un petit mixeur, mettez les épinards, la gousse d'ail écrasée et le parmesan coupé en petits morceaux. Mixez en ajoutant progressivement de l'huile d'olive jusqu'à obtenir une pâte crémeuse, mais pas trop lisse.

3 Mélangez les pâtes à peine égouttées, pour qu'elles ne collent pas, et la moitié du pesto. Servez le restant de pesto à part dans un petit bol.

VARIANTE

Remplacez les spaghettis par des macaronis, enrobez-les bien de pesto et placez les dans un plat à four. Râpez 60 g de parmesan frais sur le dessus du plat et faites gratiner au four préchauffé à 200°C pendant une dizaine de minutes.

8

Rôti de veau FARCI AUX HERBES

10 GRANDES ESCALOPES DE VEAU

3 BOUQUETS D'HERBES FRAÎCHES VARIÉES (PERSIL, CIBOULETTE, CORIANDRE...)

500 G DE FARCE

... ET AUSSI UN PEU DE

+ BEURRE (25 G)
+ SEL ET POIVRE DU MOULIN

C'EST PARTI !

1 Préchauffez le four à 200 °C (therm. 6-7).

2 Étalez les escalopes de veau sur une feuille de papier sulfurisé en les faisant se chevaucher pour obtenir un grand rectangle. Salez et poivrez.

3 Lavez les herbes, coupez les queues et hachez grossièrement les feuilles et les tiges restantes.

4 Répartissez la farce et les herbes sur toute la surface des escalopes et roulez-les bien serrées en commençant par le grand côté pour emprisonner la farce. Ficelez comme un rôti.

5 Versez 1 verre d'eau dans un plat à four, déposez le rôti et parsemez-le du beurre coupé en dés, salez et poivrez de nouveau.

6 Enfournez et faites cuire pendant 50 minutes, en arrosant le rôti avec le jus rendu par la viande, à mi-cuisson et juste avant de servir.

Temps de préparation : 00:15

Mode de cuisson : SANS CUISSON 00:50

Risotto safrané
AU CHORIZO

100 G DE CHORIZO EN TRANCHES FINES

500 G DE RIZ ARBORIO

1 DOSE DE SAFRAN

... ET AUSSI UN PEU DE

+ HUILE D'OLIVE (3 CUILL. À SOUPE)
+ CRÈME FRAÎCHE (2 CUILL. À SOUPE)
+ SEL ET POIVRE DU MOULIN

C'EST PARTI !

1 Portez 1 litre d'eau à ébullition.

2 Faites chauffer l'huile d'olive dans une cocotte, versez le riz et remuez jusqu'à ce qu'il devienne translucide.

3 Ajoutez l'eau chaude à hauteur du riz, le safran et remuez sans cesse pendant 5 minutes jusqu'à ce que le liquide soit absorbé, ajoutez encore de l'eau à hauteur, couvrez et poursuivez la cuisson à feu très doux.

4 Juste avant de servir, versez le reste d'eau chaude, le chorizo coupé en bâtonnets et remuez à feu vif jusqu'à ce que le riz soit cuit. Salez, poivrez et incorporez la crème fraîche.

Temps de préparation : 00:15

Mode de cuisson : SANS CUISSON 00:25

8

00:15

Mode de cuisson

00:20

Sauce BAYONNAISE

4 saucisses aux herbes

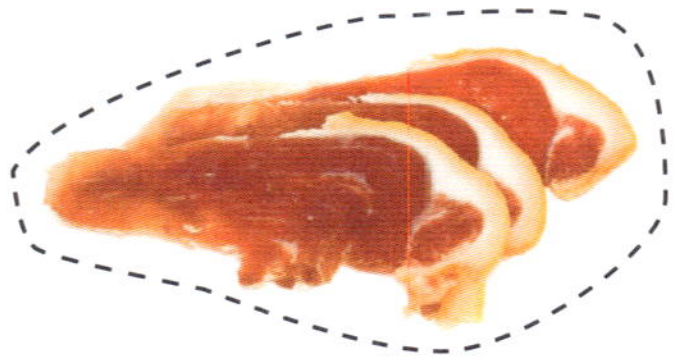

4 tranches de jambon de Bayonne

20 cl de vin rouge corsé

... ET AUSSI UN PEU DE

+ HUILE D'OLIVE (2 CUILL. À SOUPE)
+ GOUSSE D'AIL (1)
+ SEL ET POIVRE DU MOULIN

C'EST PARTI !

1 Coupez les saucisses en petits morceaux ou enlevez la peau pour récupérer la farce. Hachez grossièrement le jambon avec un grand couteau.

2 Dans une poêle, faites revenir la chair à saucisse à feu vif avec l'huile d'olive.

3 Quand la viande est bien rissolée, ajoutez le jambon, l'ail écrasé et le vin. Faites réduire la sauce pendant environ 15 minutes à feu moyen.

ASTUCE

Servez en accompagnement de pâtes.

Côte de bœuf AU ROMARIN

1,6 KG DE POMMES DE TERRE RATTES OU GRENAILLES

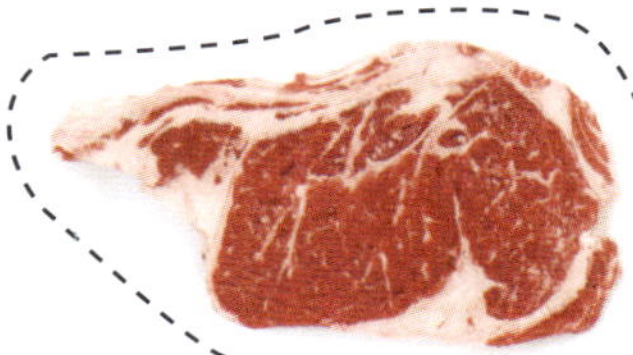

2 BELLES CÔTES DE BŒUF BIEN PERSILLÉES DE GRAS

ROMARIN

8

00:15

Mode de cuisson

00:40

... ET AUSSI UN PEU DE

+ BEURRE (25 G)
+ FLEUR DE SEL ET POIVRE DU MOULIN

C'EST PARTI !

1 Sortez la viande du réfrigérateur au moins 30 minutes avant la cuisson.

2 Préchauffez le four à 200 °C (therm. 6-7). Lavez les pommes de terre et posez-les sur la lèchefrite. Saupoudrez de fleur de sel et placez la lèchefrite dans le haut du four. Faites cuire 40 minutes.

3 Faites chauffer le beurre dans une poêle et saisissez les côtes de bœuf de chaque côté à feu très vif. Réservez. Dans la poêle, faites griller les branches de romarin à feu moyen avec le restant de beurre en les tournant plusieurs fois.

4 Placez les côtes de bœuf et le romarin tête-bêche dans un grand plat, arrosez-les du beurre de cuisson, salez et poivrez. Enfournez dans le bas du four et faites cuire 15 minutes pour une viande saignante et 20 minutes pour une viande bien cuite.

5 Recouvrez la viande d'une feuille d'aluminium et laissez-la reposer 15 minutes avant de la découper en tranches, perpendiculairement à l'os. Servez avec les pommes de terre.

Temps de préparation : 00:15

Mode de cuisson : SANS CUISSON 00:15

Wok de vermicelles
AU BŒUF ET BROCOLI

1 BROCOLI

600 G DE RUMSTECK

400 G DE VERMICELLES DE RIZ

... ET AUSSI UN PEU DE

+ HUILE D'OLIVE (3 CUILL. À SOUPE)
+ SAUCE SOJA
+ CACAHUÈTES GRILLÉES SALÉES

C'EST PARTI !

1 Coupez le rumsteck en fines lanières.

2 Lavez le brocoli, éliminez la grosse tige puis coupez-le en fines tranches.

3 Mettez les vermicelles dans un saladier et recouvrez-les d'eau bouillante salée pour qu'ils se réhydratent.

4 Faites chauffer l'huile d'olive dans un wok à feu très vif et faites dorer la viande en remuant sans cesse, puis ajoutez le brocoli et un verre d'eau. Laissez le liquide s'évaporer pendant quelques minutes, incorporez ensuite les vermicelles de riz et mélangez bien.

5 Servez arrosé d'un filet de sauce soja et parsemé de cacahuètes pour ajouter une touche croquante au plat.

Filet mignon de porc AU CITRON CONFIT À L'HUILE

2 FILETS MIGNONS DE PORC

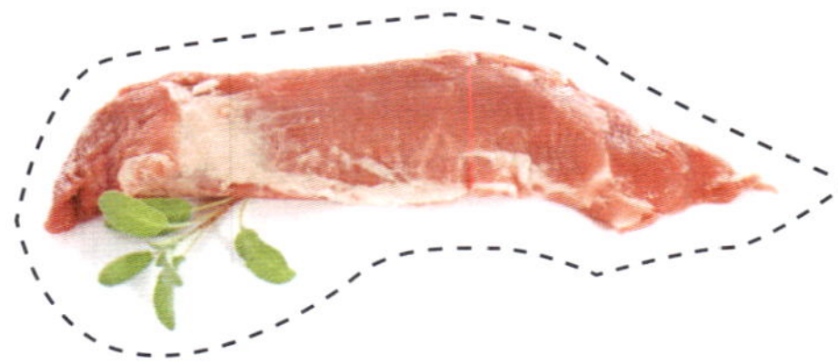

3 CITRONS BIO

HUILE D'OLIVE

... ET AUSSI UN PEU DE

+ SEL ET POIVRE DU MOULIN

C'EST PARTI !

1 Préchauffez le four à 200 °C (therm. 6-7).

2 Lavez les citrons et coupez-les en tranches fines. Placez-les dans un plat à four et couvrez-les d'huile d'olive.

3 Déposez les filets mignons sur le lit de citrons, salez, poivrez, et enfournez pour 40 minutes. Retournez plusieurs fois la viande pendant la cuisson.

4 Servez les filets mignons chauds ou froids, découpés en tranches épaisses, accompagnés du citron confit.

ASTUCE

Pour un plat complet, faites mariner les tranches de citron dans l'huile d'olive. Pendant ce temps, émincez des légumes et tapissez-en le plat. Recouvrez ensuite des tranches de citron puis des filets mignons et faites cuire comme indiqué.

Temps de préparation : 00:05

Mode de cuisson : SANS CUISSON 00:40

8

00:15

Mode de cuisson

00:15

Émincé de veau
AUX OLIVES VERTES

700 G D'ESCALOPES DE VEAU

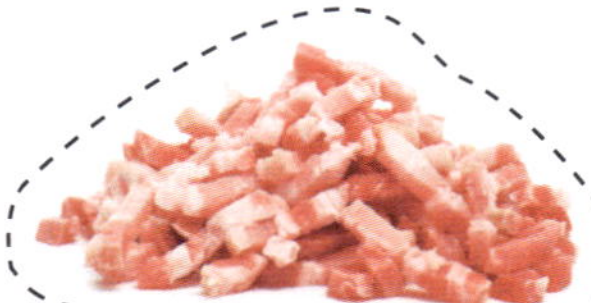

+

+

200 G DE LARDONS ALLUMETTES FUMÉS

100 G D'OLIVES VERTES DÉNOYAUTÉES

… ET AUSSI UN PEU DE

+ HUILE D'OLIVE (1 CUILL. À SOUPE)
+ JUS DE CITRON (1)
+ SEL ET POIVRE DU MOULIN

C'EST PARTI !

1 Coupez le veau en lanières.

2 Dans une poêle, faites revenir les lardons à feu vif avec l'huile d'olive. Ajoutez le veau et faites-le cuire en remuant pendant environ 10 minutes.

3 Salez, poivrez, et ajoutez le jus de citron et les olives vertes. Poursuivez la cuisson jusqu'à évaporation du liquide.

CONSEIL :

Servez accompagné d'une ratatouille ou de riz.

PLATS

Riz gourmand
AGNEAU ET ABRICOTS

400 G DE RIZ

1 KG D'AGNEAU HACHÉ

100 G D'ABRICOTS SECS

8

00:15

Mode de cuisson

00:20

… ET AUSSI UN PEU DE

+ HUILE D'OLIVE (2 CUILL. À SOUPE)
+ SEL

C'EST PARTI !

1 Portez 90 cl d'eau à ébullition.

2 Faites revenir la viande hachée à feu vif dans une sauteuse avec l'huile d'olive.

3 Ajoutez le riz et remuez jusqu'à ce qu'il soit translucide, puis versez l'eau bouillante. Salez, incorporez les abricots coupés en morceaux et laissez mijoter à couvert et à feu très doux pendant 15 minutes, en remuant de temps en temps.

4 Le riz doit avoir absorbé tout le liquide et être tendre, poursuivez la cuisson pendant quelques minutes si nécessaire.

Saltimbocca de veau, mozzarella fumée ET ROMARIN

10 ESCALOPES DE VEAU TRÈS FINES

1 MOZZARELLA FUMÉE

1 BOUQUET DE ROMARIN

... ET AUSSI UN PEU DE

+ HUILE D'OLIVE (3 CUILL. À SOUPE)
+ SEL ET POIVRE DU MOULIN

C'EST PARTI !

1 Coupez la mozzarella fumée en petites tranches.

2 Étalez une escalope sur le plan de travail, salez et poivrez. Déposez un morceau de fromage à une extrémité et roulez la viande autour. À l'aide d'un couteau, faites une entaille dans l'épaisseur du saltimbocca et enfoncez une brindille de romarin pour le maintenir fermé. Procédez de même avec le reste des ingrédients.

3 Faites chauffer l'huile d'olive dans une grande poêle et faites revenir les saltimboccas quelques minutes de chaque côté, jusqu'à ce qu'ils soient bien dorés.

Temps de préparation : 00:15

Mode de cuisson : SANS CUISSON 00:15

8

Rôti de veau
ORLOFF

1 RÔTI DE VEAU DE 1,2 KG

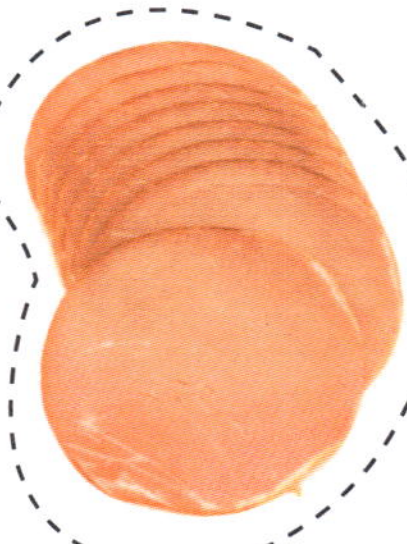

+

+

8 TRANCHES DE BACON

8 PETITES TRANCHES DE COMTÉ

... ET AUSSI UN PEU DE

+ HUILE D'OLIVE (2 CUILL. À SOUPE)
+ POIVRE DU MOULIN

C'EST PARTI !

1 Préchauffez le four à 180 °C (therm. 6).

2 Faites chauffer l'huile d'olive dans une cocotte ou une sauteuse allant au four. Ajoutez le rôti et faites-le dorer à feu vif sur toutes ses faces.

3 Avec un grand couteau, pratiquez huit entailles dans le rôti jusqu'à mi-hauteur. Poivrez et glissez 1 tranche de bacon pliée en deux et 1 tranche de comté à l'intérieur de chaque entaille.

4 Enfournez la cocotte et faites cuire pendant 45 minutes.

5 Pour servir, découpez le rôti entre les entailles afin que chaque convive ait du bacon et du fromage.

ASTUCE

Versez un verre de vin blanc dans le plat avant d'enfourner et arrosez le rôti plusieurs fois pendant la cuisson.

Temps de préparation : 00:15

Mode de cuisson : SANS CUISSON 00:45

Temps de préparation : 00:15

Mode de cuisson : SANS CUISSON 00:30

Pressé de confit de canard ET POTIMARRON

4 CUISSES DE CANARD CONFITES

2 GROSSES TRANCHES DE POTIMARRON (ENVIRON 800 G)

NOIX DE MUSCADE

… ET AUSSI UN PEU DE

+ SEL ET POIVRE DU MOULIN
+ BAIES ROSES

C'EST PARTI !

1 Préchauffez le four à 200 °C (therm. 6-7).

2 Lavez le potimarron et détaillez-le en morceaux puis retirez la peau. Faites-les cuire pendant 12 minutes à l'eau bouillante salée. Égouttez et écrasez le potimarron à l'aide d'un presse-purée jusqu'à obtenir une texture pas trop lisse. Salez, poivrez et ajoutez 3 pincées de noix de muscade fraîchement râpée.

3 Débarrassez les cuisses de canard du gras qui les protège et réservez-le. Retirez la peau et effilochez la chair à l'aide d'une fourchette ou avec les doigts.

4 Graissez un plat à four avec le gras de canard réservé, répartissez la viande dans le fond et recouvrez-la de purée de potimarron. Enfournez et faites cuire pendant 30 minutes.

5 Avant de servir, râpez un peu de noix de muscade fraîche sur le dessus et parsemez de baies roses concassées.

8

Rôti de porc au lait infusé
À LA SAUGE

1 RÔTI DE PORC FICELÉ DE 1,3 KG

2 BRINS DE SAUGE

+

+

75 CL DE LAIT

… ET AUSSI UN PEU DE

+ SEL
+ GOUSSES D'AIL

C'EST PARTI !

1 Préchauffez le four à 200 °C (therm. 6-7).

2 Glissez des feuilles de sauge sous la ficelle sur le dessus du rôti.

3 Placez le rôti dans une cocotte, ajoutez le lait et salez. Répartissez les feuilles de sauge restantes et quelques gousses d'ail non épluchées autour de la viande.

4 Fermez la cocotte, enfournez et faites cuire 1 h 30.

ASTUCE

Vous pouvez également servir le rôti froid avec la gelée de lait.

Temps de préparation : 00:15

Mode de cuisson : SANS CUISSON 01:30

Rôtis de magrets de canard
AUX POMMES

4 MAGRETS DE CANARD

1 POMME

1 OIGNON

… ET AUSSI UN PEU DE

+ SEL ET POIVRE DU MOULIN

C'EST PARTI !

1 Préchauffez le four à 250 °C (therm. 8-9).

2 Avec un couteau tranchant, quadrillez la peau grasse des magrets sans entailler la chair. Salez et poivrez des deux côtés.

3 Coupez la pomme en deux, retirez le cœur et coupez-la en tranches de 5 mm d'épaisseur.

4 Placez un magret côté peau sur le plan de travail, répartissez la moitié des lamelles de pomme sur la viande et recouvrez d'un second magret, côté peau sur le dessus. Ficelez comme un rôti. Procédez de même pour les deux autres magrets.

5 Épluchez et émincez l'oignon, et répartissez-le dans un plat à four. Déposez les rôtis par-dessus, enfournez et faites cuire pendant 20 minutes en retournant la viande à mi-cuisson.

6 À la sortie du four, couvrez le plat d'une feuille d'aluminium et laissez la viande reposer pendant 10 minutes.

Temps de préparation : 00:15

Mode de cuisson : SANS CUISSON 00:20

8

00:15

Mode de cuisson

00:15

Émincé de poulet À LA CRÈME DE FROMAGE

8 FILETS DE POULET

20 CL DE CRÈME LIQUIDE

8 PORTIONS TRIANGULAIRES DE FROMAGE FONDU

... ET AUSSI UN PEU DE

+ HUILE D'OLIVE (2 CUILL. À SOUPE)
+ SEL ET POIVRE DU MOULIN

C'EST PARTI !

1 Découpez les filets de poulet en lanières dans la longueur.

2 Dans une poêle, faites-les dorer à feu vif sur toutes les faces avec l'huile d'olive. Salez et poivrez.

3 Lorsque le poulet est bien cuit, versez la crème et incorporez les portions de fromage fondu. Portez à ébullition en remuant pour lier la sauce et la faire épaissir.

4 Servez bien chaud.

Fondant de bœuf EN COCOTTE

500 G DE BŒUF (MACREUSE)

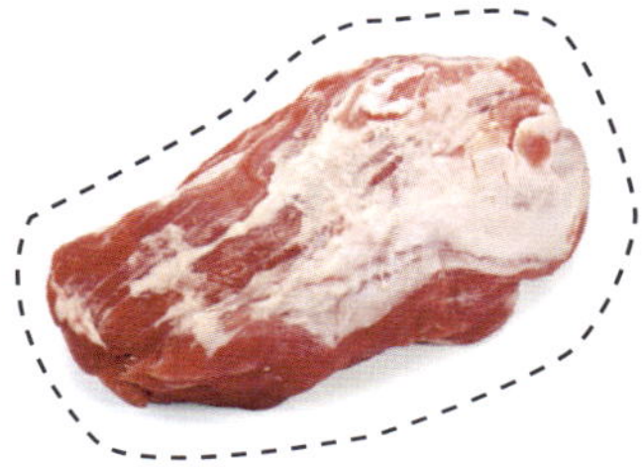

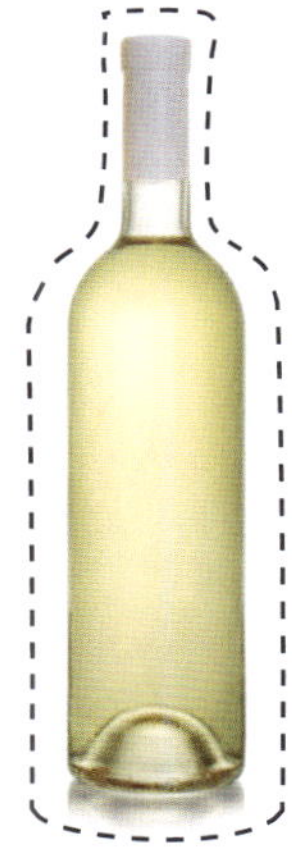

2 OIGNONS

20 CL DE VIN BLANC

... ET AUSSI UN PEU DE

+ HUILE D'OLIVE (4 CUILL. À SOUPE)
+ 1 BOUQUET GARNI
+ SEL ET POIVRE DU MOULIN

C'EST PARTI !

1 Coupez la viande en tranches fines dans le sens des fibres (ou demandez au boucher de le faire).

2 Dans une cocotte, faites chauffer 2 cuillerées à soupe d'huile d'olive. Ajoutez la viande et faites-la revenir pendant 5 minutes à feu vif tout en remuant. Réservez sur une assiette.

3 Émincez les oignons et faites-les fondre à feu moyen dans la cocotte avec le reste d'huile d'olive. Lorsqu'ils commencent à colorer, remettez la viande, ajoutez le vin blanc, un verre d'eau et le bouquet garni. Salez, poivrez et laissez mijoter à couvert pendant au moins 40 minutes, la viande deviendra de plus en plus fondante.

8

00:15

Mode de cuisson

00:45

8

Céleri rôti, pomme verte **ET PANCETTA**

1 BOULE DE CÉLERI-RAVE

1 POMME VERTE

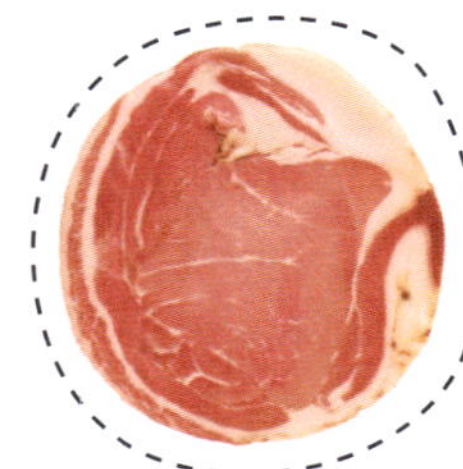

100 G DE PANCETTA (OU DE FINES TRANCHES DE LARD FUMÉ)

… ET AUSSI UN PEU DE

+ HUILE D'OLIVE
+ SEL ET POIVRE DU MOULIN

C'EST PARTI !

1 Préchauffez le four à 200 °C (therm 6-7).

2 Lavez le céleri et épluchez-le. Coupez la chair en tranches de 1 cm d'épaisseur.

3 Portez une grande casserole d'eau salée à ébullition, plongez-y les tranches de céleri et faites-les cuire pendant 10 minutes, jusqu'à ce qu'elles soient tendres. Égouttez-les.

4 Lavez la pomme, coupez-la en quartiers, retirez le cœur, puis détaillez-la en tranches épaisses.

5 Huilez un grand plat à four et placez-y, en les alternant, les tranches de céleri, de pomme et la pancetta. Salez et poivrez puis enfournez pour 15 à 20 minutes de cuisson.

ASTUCE

Pour un petit côté caramélisé, passez un peu de sirop d'érable avec un pinceau sur les légumes avant d'enfourner.

PLATS

Temps de préparation : 00:15 Mode de cuisson : SANS CUISSON 00:15

Temps de préparation : 00:15 Mode de cuisson : SANS CUISSON 00:12

Poulet pané AU PARMESAN

4 FILETS DE POULET

60 G DE PARMESAN

2 CUILL. À SOUPE DE MOUTARDE

... ET AUSSI UN PEU DE

+ HUILE D'OLIVE (3 CUILL. À SOUPE)
+ QUARTIERS DE CITRON
+ PERSIL

C'EST PARTI !

1 Pour gagner du temps, demandez au boucher de tailler les filets en petites escalopes, sinon découpez-les dans l'épaisseur.

2 Râpez le parmesan dans une assiette. Enduisez les filets de moutarde puis passez-les dans le parmesan en appuyant des deux côtés pour faire adhérer le fromage.

3 Faites chauffer l'huile d'olive dans une grande poêle. Lorsqu'elle est bien chaude, faites cuire la moitié des escalopes pendant 3 minutes de chaque côté. Réservez au chaud. Mettez le reste des escalopes dans la poêle et faites-les cuire de la même façon.

4 Servez avec des quartiers de citron et du persil.

ASTUCE

Maintenez les escalopes déjà cuites au chaud dans le four préchauffé à 100 °C.

Curry rouge de poulet
AU LAIT DE COCO

800 G DE FILETS DE POULET

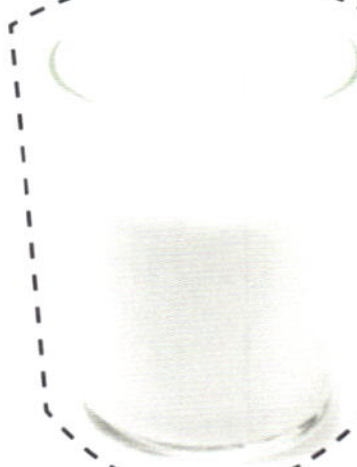

4 CUILL. À CAFÉ DE PÂTE DE CURRY ROUGE

30 CL DE LAIT DE COCO

… ET AUSSI UN PEU DE

+ HUILE D'OLIVE (2 CUILL. À SOUPE)
+ RIZ THAÏ
+ CITRON
+ CORIANDRE FRAÎCHE
+ SEL

C'EST PARTI !

1 Coupez le poulet en lamelles et enduisez-les de la moitié du curry rouge.

2 Faites chauffer l'huile d'olive dans une poêle et faites-y revenir le poulet à feu vif.

3 Lorsque le poulet est bien doré, salez, ajoutez le lait de coco et le restant de curry, et laissez mijoter pendant 10 minutes jusqu'à ce que la sauce soit crémeuse.

4 Accompagnez de riz thaï, de citron et de coriandre.

Temps de préparation : 00:15

Mode de cuisson : SANS CUISSON 00:15

Médaillons de porc
AU CIDRE

2 OIGNONS

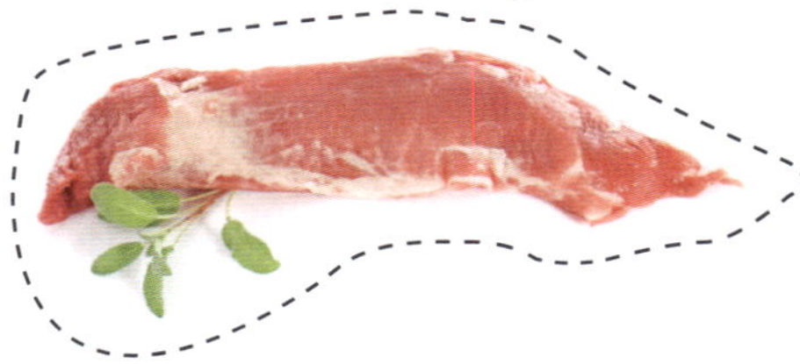

2 FILETS MIGNONS COUPÉS EN MÉDAILLONS

30 CL DE CIDRE

... ET AUSSI UN PEU DE

+ HUILE D'OLIVE (4 CUILL. À SOUPE)
+ SEL ET POIVRE DU MOULIN

C'EST PARTI !

1 Hachez les oignons et faites-les cuire dans une poêle à feu vif avec 2 cuillerées à soupe d'huile d'olive. Remuez pour qu'ils ne colorent pas. Réservez.

2 Dans la même poêle, versez le reste d'huile d'olive et saisissez les médaillons pendant 2 minutes de chaque côté. Salez et poivrez.

3 Ajoutez les oignons réservés et arrosez de cidre. Portez à ébullition en grattant le fond de la poêle avec une cuillère en bois jusqu'à ce que le liquide ait réduit de moitié.

4 Servez les médaillons de porc nappés de sauce et d'oignons confits dans le cidre.

Temps de préparation : 00:15

Mode de cuisson : SANS CUISSON 00:14

8

00:15

Mode de cuisson

00:20

Gratin de pomme de terre
À LA CANCOILLOTTE

1 POT DE CANCOILLOTTE À L'AIL

1,5 KG DE POMMES DE TERRE

+

+

20 CL DE CRÈME LIQUIDE

… ET AUSSI UN PEU DE

+ SEL ET POIVRE DU MOULIN

C'EST PARTI !

1 Préchauffez le four à 200 °C (therm 6-7).

2 Lavez et épluchez les pommes de terre. Faites-les cuire à l'eau bouillante salée pendant 15 minutes. Égouttez-les.

3 Coupez les pommes de terre presque cuites en grosses tranches et mettez-les dans un plat à four. Salez et poivrez.

4 Mélangez la cancoillotte et la crème et versez sur les pommes de terre.

5 Enfournez et faites cuire pendant 20 minutes.

ASTUCE

Des lardons fumés parsemés sur les pommes de terre apporteront un petit goût de montagne à ce gratin.

Fondue de chou frisé, CRÈME DE HADDOCK

1 CHOU FRISÉ

+

3 FILETS DE HADDOCK

+

20 CL DE CRÈME LIQUIDE

8

00:15

Mode de cuisson

00:25

… ET AUSSI UN PEU DE

+ HUILE D'OLIVE (2 CUILL. À SOUPE)
+ SEL ET POIVRE DU MOULIN

C'EST PARTI !

1 Lavez le chou et retirez les grosses feuilles extérieures. Coupez-le en deux et émincez-le finement.

2 Faites chauffer l'huile d'olive dans une grande cocotte et faites revenir le chou en remuant pendant quelques minutes. Versez un verre d'eau, couvrez et poursuivez la cuisson à feu moyen pendant 15 minutes environ, jusqu'à ce que le chou soit tendre.

3 Retirez la peau des filets de haddock et coupez-les en lanières.

4 Portez la crème à ébullition dans une petite casserole, ajoutez le poisson et faites-le pocher pendant 5 minutes jusqu'à ce qu'il se défasse.

5 Versez la crème au haddock sur le chou et servez.

Salade de pâtes, pois gourmands ET CREVETTES

500 G DE POIS GOURMANDS

500 G DE PÂTES LONGUES (TROFIE OU FUSILLIS...)

300 G DE CREVETTES ROSES CUITES

... ET AUSSI UN PEU DE

+ HUILE D'OLIVE (2 CUILL. À SOUPE)
+ VINAIGRETTE BALSAMIQUE
+ SEL

C'EST PARTI !

1 Dans une grande casserole d'eau bouillante salée, faites cuire les pâtes al dente pendant 10 minutes environ, selon les indications figurant sur le paquet. Égouttez et arrosez d'huile d'olive pour qu'elles ne collent pas.

2 Portez une casserole d'eau salée à ébullition et plongez-y les pois gourmands. À la reprise de l'ébullition, laissez-les cuire pendant environ 7 minutes. Ils doivent rester croquants. Égouttez-les et passez-les sous l'eau glacée pour stopper la cuisson et leur conserver une belle couleur verte.

3 Dans un grand saladier, mélangez les pâtes, les pois gourmands et les crevettes. Assaisonnez d'une vinaigrette balsamique.

ASTUCE

Pour une version festive, ajoutez 200 g de chair de crabe.

Temps de préparation : 00:15 Mode de cuisson : SANS CUISSON 00:15

Lentilles crémeuses AU HADDOCK

1 GRAND FILET DE HADDOCK

300 G DE LENTILLES

100 G DE MIMOLETTE EXTRA-VIEILLE

… ET AUSSI UN PEU DE

+ FEUILLE DE LAURIER (1)
+ SEL ET POIVRE DU MOULIN

C'EST PARTI !

1 Rincez les lentilles et versez-les dans une grande casserole d'eau froide avec le laurier. Faites cuire à feu moyen pendant 30 minutes.

2 Retirez la peau du filet de haddock et coupez-le en lanières. Ajoutez-les aux lentilles 10 minutes avant la fin de la cuisson.

3 Râpez la mimolette.

4 Égouttez les lentilles et le poisson, puis incorporez la mimolette râpée. Rectifiez l'assaisonnement sachant que le fromage et le poisson sont déjà salés.

5 Décorez de fins copeaux de mimolette et servez bien chaud.

Temps de préparation : 00:15

Mode de cuisson : SANS CUISSON 00:30

Cocotte de pomme de terre, lotte ET DÉS DE JAMBON CRU

500 G DE FILET DE LOTTE

1 KG DE POMMES DE TERRE CHARLOTTES

1 TALON DE JAMBON CRU

… ET AUSSI UN PEU DE

+ VIN BLANC (FACULTATIF)
+ SEL ET POIVRE DU MOULIN

ASTUCE

Vous pouvez remplacer le talon de jambon cru par 4 tranches épaisses de poitrine de porc fumée.

C'EST PARTI !

1 Préchauffez le four à 250 °C (therm. 8-9).

2 Lavez les pommes de terre, épluchez-les et coupez-les en rondelles.

3 Détaillez la lotte en cubes et le jambon en bâtonnets.

4 Dans une cocotte, disposez une couche de pomme de terre, une couche de poisson, parsemez de jambon, salez et poivrez. Alternez les couches jusqu'à épuisement des ingrédients et ajoutez un verre d'eau, éventuellement de vin blanc.

5 Couvrez la cocotte et enfournez-la pour 35 minutes de cuisson. Retirez le couvercle en fin de cuisson pour que le dessus dore. Vérifiez la cuisson, les pommes de terre doivent être fondantes, prolongez la cuisson si nécessaire.

Temps de préparation : 00:15 Mode de cuisson : SANS CUISSON 00:35

Brochettes de crevette **AU JUS D'ORANGE**

500 G DE QUEUES DE CREVETTES CRUES

50 G DE BEURRE

+

+

1 ORANGE BIO

... ET AUSSI UN PEU DE

+ GOUSSE D'AIL (1)
+ SEL ET POIVRE DU MOULIN

C'EST PARTI !

1 Préchauffez le gril du four. Faites tremper les brochettes en bois dans l'eau pendant que vous prélevez le zeste de l'orange puis en pressez le jus.

2 Piquez les crevettes sur les brochettes et déposez-les sur la lèchefrite du four.

3 Versez le jus d'orange dans un bol. Ajoutez la gousse d'ail écrasée et le zeste, salez, poivrez et mélangez. Arrosez les crevettes.

4 Coupez le beurre en petits morceaux et répartissez-les sur les crevettes.

5 Enfournez les brochettes sous le gril bien rouge, 2 ou 3 minutes de chaque côté, les crevettes doivent être bien grillées.

ASTUCE

Récupérez le jus de cuisson dans un petit bol pour accompagner les brochettes.

Temps de préparation : 00:15 Mode de cuisson : SANS CUISSON 00:06

8

00:15

Mode de cuisson

00:05

Tataki DE SAUMON

5 PAVÉS ÉPAIS DE SAUMON SANS PEAU

6 CUILL. À SOUPE DE SAUCE SOJA

2 CUILL. À SOUPE DE MIEL

... ET AUSSI UN PEU DE

+ GOUSSE D'AIL (1)
+ HUILE D'OLIVE (2 CUILL. À SOUPE)

C'EST PARTI !

1 Dans un petit bol, mélangez la sauce soja, le miel et la gousse d'ail dégermée et écrasée.

2 Faites chauffer l'huile d'olive dans une poêle et saisissez les pavés de saumon très rapidement à feu vif des deux côtés. Le poisson doit être grillé à l'extérieur mais cru à l'intérieur.

3 Coupez le saumon en tranches de 5 mm et arrosez-les de marinade au soja.

ASTUCE

Utilisez la marinade comme sauce pour du riz blanc ou un tartare d'avocat.

Ceviche
DE LIEU

8 FILETS DE LIEU

LE JUS DE 4 CITRONS

1 OIGNON NOUVEAU

... ET AUSSI UN PEU DE

+ PIMENT FRAIS (1/2)
+ SEL (3 CUILL. À CAFÉ)

C'EST PARTI !

1 Dans un plat creux, mélangez le jus des citrons et le sel.

2 Émincez l'oignon nouveau, tige verte comprise, et ajoutez-le au citron. Pour un goût authentique et relevé, ajoutez le piment haché à la marinade.

3 Lavez les filets de lieu et découpez-les en cubes d'environ 1,5 cm, en veillant à éliminer les parties grises et les arêtes.

4 Le sel et le jus de citron vont « cuire » le lieu. Versez la marinade sur le poisson et laissez reposer de 10 à 20 minutes en fonction du degré de cuisson souhaité avant de déguster.

8

00:15

Mode de cuisson

00:00

SANS CUISSON

8

Poisson mijoté AUX ÉPICES DOUCES

8 PAVÉS DE CABILLAUD

1 OIGNON

3 CUILL. À SOUPE D'ÉPICES À TAJINE

... ET AUSSI UN PEU DE

+ HUILE D'OLIVE (2 CUILL. À SOUPE)
+ SEL

C'EST PARTI !

1 Dans une sauteuse, faites revenir l'oignon haché avec l'huile d'olive. Lorsqu'il commence à colorer, ajoutez les épices, remuez quelques instants puis versez un grand verre d'eau.

2 Lorsque l'ébullition reprend, placez les filets dans la sauce, salez et couvrez. Laissez mijoter à feu très doux jusqu'à ce que le poisson soit cuit, pendant environ 10 minutes. Retirez le poisson et dressez-le sur un plat.

3 Faites réduire la sauce à feu vif et nappez le cabillaud avant de servir.

Temps de préparation : 00:15 *Mode de cuisson :* SANS CUISSON 00:15

Brandade
DE CABILLAUD

600 G DE CABILLAUD

+

+

1 GOUSSE D'AIL

600 G DE POMMES DE TERRE

… ET AUSSI UN PEU DE

+ LAIT
+ HUILE D'OLIVE
+ THYM
+ SEL

C'EST PARTI !

1 Portez à ébullition une casserole remplie à moitié d'eau et de lait. Ajoutez le cabillaud et le thym. À la reprise de l'ébullition, baissez le feu et poursuivez la cuisson pendant 5 minutes à feu très doux. Retirez le cabillaud et émiettez-le à la fourchette.

2 Lavez et épluchez les pommes de terre et faites-les cuire pendant 20 minutes à l'eau bouillante salée avec la gousse d'ail épluchée. Écrasez-les à la fourchette avec l'ail.

3 Incorporez le poisson à l'aide d'un fouet et ajoutez un peu de liquide de cuisson du poisson pour obtenir une préparation légère et crémeuse.

4 Servez arrosé d'un filet d'huile d'olive.

Temps de préparation : 00:15

Mode de cuisson : SANS CUISSON 00:25

Verrines de chocolat
AU TOBLERONE®

30 CL DE CRÈME LIQUIDE

200 G DE CHOCOLAT NOIR

2 TOBLERONE®

ASTUCE

Pour réaliser de jolis copeaux de Toblerone®, placez-en un morceau au congélateur une dizaine de minute et utilisez un Économe pour râper le chocolat dans la longueur.

C'EST PARTI !

1 Cassez le chocolat en morceaux et faites-les fondre au bain-marie ou au micro-ondes, par tranches de 30 secondes pendant environ 2 minutes, en remuant à chaque fois.

2 Dans une petite casserole, portez la crème à ébullition. Versez-la dans le chocolat en trois fois, en mélangeant bien pour obtenir un mélange lisse et élastique. Réservez.

3 Hachez finement les Toblerone® au couteau. Réservez 2 cuillerées à soupe pour le décor et incorporez le reste à la préparation au chocolat tiédie.

4 Versez la crème dans des tasses à café ou des verrines, décorez avec le restant de Toblerone® et réservez au frais jusqu'au moment de servir.

Temps de préparation : 00:15

Mode de cuisson : SANS CUISSON 00:10

Demi-poires, CŒUR CRUMBLE AMANDE

150 G DE PÂTE D'AMANDE NATURE

4 POIRES

4 CUILL. À SOUPE RASES DE FARINE

VARIANTE

Placez un petit carré de chocolat noir dans le creux de la poire avant d'ajouter le mélange aux amandes et, 10 minutes avant la fin de la cuisson, saupoudrez les fruits d'amandes effilées qui prendront une jolie teinte dorée.

C'EST PARTI !

1 Préchauffez le four à 180 °C (therm. 6).

2 Mettez la pâte d'amande coupée en cubes dans un mixeur avec la farine. Mixez par impulsions jusqu'à obtenir un mélange sableux.

3 Épluchez les poires et coupez-les en deux en fendant également la queue. Avec une petite cuillère, creusez le cœur pour retirer les pépins.

4 Disposez les fruits dans un plat à four et remplissez la cavité de la préparation à base d'amande.

5 Enfournez et faites cuire de 15 à 20 minutes jusqu'à ce que le crumble soit doré.

Temps de préparation : 00:15   Mode de cuisson : SANS CUISSON 00:15

Tarte AU CHOCOLAT

8

00:15

Mode de cuisson

00:14

1 PÂTE SABLÉE PRÊTE À L'EMPLOI

200 G DE CHOCOLAT NOIR

+

+

20 CL DE CRÈME LIQUIDE

... ET AUSSI UN PEU DE

+ CACAO AMER

ASTUCE

Avant de servir, saupoudrez la tarte de cacao à travers une passoire fine.

C'EST PARTI !

1 Préchauffez le four à 180 °C (therm. 6).

2 Hachez le chocolat avec un grand couteau et mettez-le dans un saladier.

3 Dans une petite casserole, portez la crème à ébullition et versez-la sur le chocolat en trois fois, en mélangeant bien pour obtenir un mélange lisse et élastique.

4 Déroulez la pâte sablée dans un moule à tarte, piquez le fond à la fourchette et faites-la cuire à blanc de 10 à 14 minutes dans le four, en ayant pris soin de couvrir le fond d'une feuille de papier sulfurisé et de billes de cuisson (ou de légumes secs). Sortez la pâte, enlevez la feuille de papier et les billes de cuisson (ou les légumes secs) et laissez refroidir.

5 Versez la préparation au chocolat sur la tarte et réservez au frais. Pour servir, saupoudrez le dessus de la tarte de cacao à travers une passoire fine.

Eton mess pêches
ET BISCUITS ROSES

200 G DE BISCUITS ROSES DE REIMS

800 G DE PÊCHES AU SIROP

30 CL DE CRÈME LIQUIDE ENTIÈRE

8

00:15

Mode de cuisson
00:00
SANS CUISSON

… ET AUSSI UN PEU DE

+ SUCRE VANILLÉ (1 SACHET)

ASTUCE :

En saison, utilisez des fruits frais et du sirop de canne allongé avec un peu de nectar de pêche.

C'EST PARTI !

1 Coupez les pêches en fins quartiers. Réservez le sirop.

2 Fouettez la crème bien froide en chantilly avec le sucre vanillé.

3 Réservez 4 biscuits et cassez en morceaux la moitié des biscuits restants pour tapisser le fond d'un joli plat transparent. Arrosez de la moitié du sirop des fruits, recouvrez de la moitié des quartiers de pêche et de la crème chantilly. Alternez de nouveau les couches : biscuits, sirop, pêches et crème. Émiettez le restant des biscuits sur le dessus pour décorer.

4 Réservez au frais jusqu'au moment de servir.

Salade de fraise, CONCOMBRE ET MENTHE

600 G DE FRAISES

+

1 CONCOMBRE

+

1 BOUQUET DE MENTHE FRAÎCHE

… ET AUSSI UN PEU DE

+ SUCRE
+ RHUM BLANC (FACULTATIF)

VARIANTE

Pourquoi ne pas transformer cette salade en cocktail ? Remplissez un pichet transparent d'un tiers seulement des ingrédients, ajoutez un peu de rhum et complétez de limonade artisanale.

C'EST PARTI !

1 Lavez rapidement les fraises, équeutez-les et coupez-les en deux.

2 Lavez et épluchez le concombre. Coupez-le en quatre dans la longueur pour retirer la partie centrale contenant les pépins puis émincez-le en fins tronçons.

3 Dans un saladier, mélangez les fraises, le concombre et la menthe effeuillée.

4 Saupoudrez d'un peu de sucre selon votre goût et éventuellement d'un filet de rhum blanc pour les adultes qui le souhaitent.

Temps de préparation : 00:15 Mode de cuisson : SANS CUISSON 00:00

Pommes au four
À LA PISTACHE

100 G DE PISTACHES HACHÉES

+

+

6 POMMES

6 CUILL. À SOUPE DE MIEL

... ET AUSSI UN PEU DE

+ BEURRE

C'EST PARTI !

1 Préchauffez le four à 180 °C (therm. 6).

2 Lavez les pommes et creusez un trou sur le dessus avec un petit couteau. Rangez-les dans un grand plat à four avec un fond d'eau.

3 Remplissez le cœur des pommes de pistaches hachées et de 1 cuillerée à café de miel.

4 Enfournez et faites cuire pendant 30 minutes. À mi-cuisson, arrosez les pommes du jus rendu et déposez sur chacune un petit copeau de beurre pour les faire caraméliser.

Temps de préparation : 00:15 Mode de cuisson : SANS CUISSON 00:30

Tranches d'ananas rôti
AU CARAMEL

2 ANANAS

3 GOUSSES DE VANILLE

150 G DE SUCRE ROUX

... ET AUSSI UN PEU DE

+ RHUM AMBRÉ (FACULTATIF)
+ BEURRE

C'EST PARTI !

1 Préchauffez le four à 250 °C (therm. 8-9). Lavez les ananas, coupez la base et le plumet. Enlevez l'écorce avec un couteau bien aiguisé. Retirez les quelques yeux restants. Coupez les ananas en tranches et enlevez le cœur fibreux.

2 Fendez les gousses de vanille en deux et grattez l'intérieur pour récupérer les graines. Coupez les gousses en morceaux et piquez-les dans les tranches d'ananas.

3 Dans une casserole à fond épais, mélangez le sucre, les graines de vanille et 2 cuillerées à soupe d'eau. Faites chauffer en surveillant, mais sans remuer, jusqu'à coloration du caramel.

4 Hors du feu, ajoutez le beurre avec précaution et remuez pour lier le caramel. Ajoutez éventuellement 3 cuillerées à soupe de rhum ambré. Replacez la casserole sur le feu quelques instants pour faire épaissir le caramel.

5 Répartissez les tranches d'ananas dans un plat à four et nappez-les de caramel. Enfournez pour 15 minutes de cuisson.

Temps de préparation : 00:15

Mode de cuisson : SANS CUISSON 00:15

Petites pannacotta VANILLÉES

70 CL DE CRÈME LIQUIDE ENTIÈRE

3 FEUILLES DE GÉLATINE

4 SACHETS DE SUCRE VANILLÉ

ASTUCE

Une fois la préparation prise, variez les saveurs en ajoutant un coulis de fruits rouges, un lemon curd ou des miettes de palet breton pour un crumble rapide. Pensez simplement à ne pas trop remplir les contenants.

C'EST PARTI !

1 Couvrez les feuilles de gélatine d'eau froide.

2 Dans une casserole, portez la crème à ébullition avec le sucre vanillé. Ajoutez la gélatine essorée et remuez bien pour la dissoudre.

3 Versez la préparation dans des verrines et réservez au réfrigérateur pendant au moins 2 heures.

Temps de préparation : 00:15

Mode de cuisson : SANS CUISSON 00:04

Temps de préparation : 00:15 Mode de cuisson : SANS CUISSON 00:00

Crème DE MANGUE

300 G DE FROMAGE BLANC

3 MANGUES BIEN MÛRES

100 G DE MASCARPONE

… ET AUSSI UN PEU DE

+ SUCRE GLACE

C'EST PARTI !

1 Coupez les mangues en suivant le noyau allongé et prélevez la chair.

2 Mixez la mangue avec le fromage blanc et le mascarpone jusqu'à obtenir une préparation lisse et crémeuse.

3 Si les mangues ne sont pas assez sucrées, rectifiez avec du sucre glace.

4 Réservez au réfrigérateur jusqu'au moment de servir.

ASTUCE :

Pour un dessert plus sophistiqué, poêlez quelques tranches de mangue dans une noix de beurre, et déglacez si vous le souhaitez avec deux cuillères à soupe de rhum.

Tarte
AUX PRALINES ROSES

1 PÂTE SABLÉE PRÊTE À L'EMPLOI

200 G DE PRALINES ROSES CONCASSÉES

35 CL DE CRÈME FRAÎCHE ÉPAISSE

ASTUCE

Regressif à souhait, ce dessert peut aussi être préparé dans des petits moules à tartelettes individuels.

C'EST PARTI !

1 Si les pralines ne le sont pas déjà, concassez-les à l'aide d'un mixeur puissant.

2 Préchauffez le four à 180 °C (therm. 6).

3 Dans une casserole, portez la crème à ébullition avec la moitié des pralines et faites épaissir à feu vif pendant 5 minutes en remuant avec une cuillère en bois.

4 Déroulez la pâte dans un moule à tarte, piquez le fond à la fourchette et faites-la cuire à blanc pendant 10 minutes dans le four en ayant pris soin de couvrir le fond d'une feuille de papier sulfurisé et de billes de cuisson (ou de légumes secs).

5 Versez la préparation sur le fond de tarte, répartissez les pralines restantes et enfournez de nouveau pour 10 à 12 minutes de cuisson jusqu'à ce que la surface soit couverte de petites bulles.

6 Servez la tarte tiède ou froide.

Temps de préparation : 00:15

Mode de cuisson : SANS CUISSON 00:30

Index PAR INGRÉDIENT

TABLE DES ÉQUIVALENCES FRANCE – CANADA									
Poids	55 g	100 g	150 g	200 g	250 g	300 g	500 g	750 g	1 kg
	2 onces	3,5 onces	5 onces	7 onces	9 onces	11 onces	18 onces	27 onces	36 onces
Ces équivalences permettent de calculer le poids à quelques grammes près (en réalité, 1 once = 28 g)									

Capacités	5 cl	10 cl	15 cl	20 cl	25 cl	50 cl	75 cl
	2 onces	3,5 onces	5 onces	7 onces	9 onces	17 onces	26 onces
Pour faciliter la mesure des capacités, une tasse équivaut ici à 25 cl (en réalité, 1 tasse = 8 onces = 23 cl).							

Crédits des vignettes
© Thinkstock - p.2 (a, b, c), 4 (a),. 5 (a, b, c), 8 (b, d, f, g), 9 (b, c, d, h), 10 (b, c, d), 11 (d, g, i, j), 1 (a, c), 14 (a, b, c), 18 (a, b, c), 19 (a, b, c), 20 (a, b, c), 22 (a, b), 25 (a, b, c), 26 (c), 27 (a, b) 29 (b), 30 (a, c), 31 (a, c), 35 (a, b, c), 36 (b), 38 (c), 40 (a, b), 41 (b, c), 43 (a), 44 (a, b, c), 46 (a, b), 47 (b), 48 (a, b, c), 53 (a, c), 54 (a, c), 56 (a, b, c), 58 (b, c), 59 (a, b, c), 60 (a, b), 63 (a, b), 64 (b), 66 (a, b, c), 68 (a), 69 (a), 70 (a, b, c), 72 (a), 74 (a, b, c), 76 (a, b, c), 78 (c), 79 (a, c), 80 (a), 82 (a), 84 (c), 86 (a, b), 89 (a), 90 (a, b, c), 92 (a, c), 94 (b, c), 99 (a, c)
© Shutterstock – p. 4 (b, c), 5 (d), 8 (a, c, e), 9 (a, e, f, i), 10 (a), 11 (a, b, f), 17 (a, b), 27 (c), 29 (c), 31 (b), 32 (, c), 34 (b, c),36 (a, c), 38 (a, b), 40 (b), 43 (c), 46 (c), 47 (a, b), 50 (b, c), 54 (b), 60 (c), 64 (a), 69 (b), 72 (a, b), 78 (a, b), 79 (b), 80 (b, c), 82 (b, c), 84 (a), 86 (c), 88 (a), 89 (b), 92 (b), 94 (a), 99 (b), 100 (c)
© Archives Larousse (Olivier Ploton) – p. 9 (g), 10 (e, f), 11 (c, e, h), 12 (b), 17 (c), 22 (c), 26 (a, b), 29 (a), 30 (b), 34 (a), 50 (a), 53 (b), 58 (a), 64 (a), 68 (b, c), 69 (c), 84 (b), 88 (b, c), 89 (c), 96 (a, b, c), 100 (a, b)

Remerciements
L'auteur tient à remercier Emanuela pour ses lumières, Chrystèle, Lison, Louise, Victor et Malo pour leur appétit et bien entendu Agnès et Emilie pour leur confiance.
Merci également à Révol pour sa porcelaine qui passe du four à la table et Bloomingville pour la si jolie vaisselle venue du-nord.
revol-porcelaine.fr
bloomingville.com

Direction de la publication : Isabelle Jeuge-Maynart et Ghislaine Stora
Direction éditoriale : Agnès Busière
Édition : Émilie Franc
Conception graphique et couverture : Émilie Laudrin
Mise en page : Nord compo
Fabrication : Donia Faiz
Informatique éditoriale : Philippe Cazabet

Les Éditions Larousse utilisent des papiers composés de fibres naturelles, renouvelables, recyclables et fabriquées à partir de bois issus de forêts qui adoptent un système d'aménagement durable. En outre, les Éditions Larousse attendent de leurs fournisseurs de papier qu'ils s'inscrivent dans une démarche de certification environnementale reconnue.

ISBN : 978-2-03-590447-8

Photogravure Nord Compo, Villeneuve-d'Ascq
Imprimé en Espagne par Graficas Estella, Estella
Dépôt légal : mai 2015
315264/01 – 11028899 – mars 2015

fraises
CRESSON
NAVETS
MELONS
CAROTTES
courges
OIGNONS tomates
SALADE
CHOUX
ORANGES
poires
agneau RADIS
SEL
POIVRE NOIX ANANAS panais
NAVETS
BLETTES FENOUIL
BANANES
betteraves POTIRONS CANNELLE crevettes SAUMON

AVOCATS potirons RAISINS FROMAGES POIREAUX
CELERIS-RAVES
BROCOLI
CONCOMBRES ORANGES
VEAU DINDE LAPIN
ŒUFS courgettes ASPERGES
champignons
AUBERGINES PORC
POIVRONS
artichauts POULET AIL
RIZ SEL
CANARD
BŒUF CITRONS avocats haricots
POMMES DE TERRE
BLETTES
POMMES